Mix
Genuss
AF537434
Schlemmen wie in Spanien
Aioli
Croquetas
Tortilla de Patatas
Albóndigas
Manchego

REZEPTÜBERSICHT

Kulinarische Grüße aus Mallorca!

RUND UM OLIVEN

Mit Chili,
Zitrone & Thymian
30 Min.
+ Marinierzeit:
1 Std.

- 4 PORTIONEN -

Knoblauch-Garnelen
AUS DEM OFEN

ZUTATEN

3-4 rote Chilischoten
3-4 Knoblauchzehen
125 g Olivenöl
2 EL Zitronensaft
3-4 Zweige Thymian oder Rosmarinnadeln
400 g Garnelen, roh, geschält und entdarmt

ZUBEREITUNG

Chilischoten und Knoblauchzehen in Scheiben schneiden. Zusammen mit Olivenöl, Zitronensaft, Thymian und Garnelen in eine feuerfeste Schale geben. Ca. 1 Std. marinieren lassen.

Danach für 20-25 Min. in den vorgeheizten Backofen (170°C Umluft) geben.

TIPP

Sie möchten lieber gebratene Garnelen servieren?
Auf Seite 14 finden Sie ein tolles Rezept dazu mit einer würzigen Marinade.

Pro Portion: 188 kcal · 2 g KH · 11 g EW · 14 g Fett

Mit würziger Sauce

- 4 PORTIONEN -

Auberginen AUF FETACREME

+ Ziehzeit: 50 Min.

ZUTATEN

FÜR DIE CREME

1 P. Fetakäse (180 g)
25 g Sahne
25 g Milch, 1,5%
100 g Schmand
etwas Salz & Pfeffer
¼ TL Paprikapulver, geräuchert

AUSSERDEM

1 gr. Auberginen
ca. 50 ml Olivenöl
etwas Salz
etwas frischer Thymian

FÜR DIE SAUCE

2 EL Chiliöl
1 TL Paprikapulver, geräuchert
etwas Salz
2 EL Sahne
1 TL Tomatenmark

Für die Sauce alle Zutaten in einer Tasse verrühren.

ZUBEREITUNG

Backofen auf 180°C Umluft vorheizen. Aubergine in ca. 2 cm dicke Scheiben schneiden. Auf ein mit Backpapier belegtes Backblech geben und dick mit Olivenöl bepinseln (lieber etwas zu viel als zu wenig). Salzen und für 10 Min. in den vorgeheizten Backofen geben. Ofen ausschalten, nicht öffnen und die Auberginen noch 50 Min. ziehen lassen.

*In der Zwischenzeit die Creme zubereiten. Fetakäse im Mixtopf **5 Sek./Stufe 6** zerkleinern. Restliche Zutaten für die Creme zugeben und **20 Sek./Stufe 5** cremig mixen. Sollte die Creme noch zu fest sein, etwas mehr Milch zugeben.*

Die Creme mit einem Esslöffel auf einem großen Teller verteilen und glatt streichen. Etwas Olivenöl und Paprikapulver darauf geben. Wenn die Aubergine fertig ist, die Haut abschneiden und das Fruchtfleisch auf dem Teller platzieren. Nochmals mit Paprikapulver würzen. Die scharfe Soße darüber geben und mit Thymian dekorieren.

Pro Portion: 380 kcal · 4 g KH · 10 g EW · 35 g Fett

- 2 PORTIONEN -

Burrata

MIT HONIG-KNOBLAUCH-TOMATEN

ZUTATEN

1 Handvoll Rucola
25 g Pinienkerne
1 Knoblauchzehe
8-10 Basilikumblätter
3 Tomaten, bunt gemischt
30 g Olivenöl
1 TL Honig
1 EL Balsamicocreme
etwas Salz & Pfeffer
1 Kugel Burrata (125 g-150 g)

Auch lecker mit Mango!

ZUBEREITUNG

Rucola auf einem Teller anrichten. Pinienkerne in einer Pfanne ohne Fett anrösten und abkühlen lassen.

Knoblauch und Basilikumblätter im Mixtopf ***5 Sek./Stufe 6*** *hacken. Tomaten sechsteln und in den Mixtopf geben. Öl, Honig, Balsamicocreme und etwas Salz und Pfeffer zugeben und* ***3 Min./100°C/Sanftrührstufe*** *erhitzen.*

Burrata mittig auf den Rucola setzen und mit Salz und Pfeffer würzen. Etwas Olivenöl darauf träufeln. Tomaten aus dem Mixtopf ringsrum platzieren und das Ganze mit Pinienkernen bestreut servieren.

TIPP

Wer möchte, kann noch kleine Mangowürfel und etwas Zwiebeln dazugeben. Anstatt Balsamico-creme verwenden Sie einen Frucht-balsamico (z.B. Mango).

Pro Portion: 412 kcal · 11 g KH · 10 g EW · 35 g Fett

Der spanische
Kartoffelsalat!

- 4 PORTIONEN -

Ensaladilla Rusa

ZUTATEN

550-600 g	Kartoffeln, festk.
1	Karotte
3	Eier
500 g	Wasser, lauwarm
1 Dose	Thunfischfilets in Olivenöl (185 g)
10	grüne Oliven, entsteint
125 g	Mayonnaise
1 TL	Paprikapulver, edelsüß
1 TL	Meersalz
etwas	Pfeffer, frisch gem.

ZUR VERZIERUNG

1-2 EL	Mayonnaise
1	gegrilltes Paprikafilet
6	grüne Oliven, entsteint

ZUBEREITUNG

Kartoffeln und Karotte schälen und in Würfel schneiden. Zusammen mit den Eiern in den Varoma geben. 500 g Wasser in den Mixtopf füllen, Varoma aufsetzen und alles zusammen ***25 Min./Varoma/Stufe 1*** *garen. Danach die Kartoffeln in eine Schüssel geben und mit einem Kartoffelstampfer etwas zerdrücken.*

Eier kalt abschrecken, schälen und klein würfeln. ***Achtung:*** *1 Eigelb herausnehmen und beiseitelegen für die Verzierung. Karottenwürfel und Eier mit in die Schüssel geben.*

Thunfisch absieben und Oliven klein schneiden. Zusammen mit Mayonnaise und Gewürzen zu den Kartoffeln geben. Alles gut vermengen.

Den Salat auf einen Teller geben, in Form bringen und mit 1-2 EL Mayonnaise bestreichen. Das beiseitegelegte Eigelb mit einer Reibe darüber reiben. Paprikafilet in Streifen schneiden, darauflegen und mit Oliven verzieren. Bis zum Servieren kalt stellen.

Pro Portion: 519 kcal · 26 g KH · 21 g EW · 36 g Fett

-10 STÜCK-

Gratinierte Feigen

MIT HONIG, FETA UND WALNÜSSEN

ZUTATEN

10	*Feigen*
6-8	*Salbeiblätter*
25 g	*Walnusskerne*
30 g	*Honig*
80 g	*Fetakäse*
etwas	*Pfeffer, frisch gem.*

ZUBEREITUNG

Backofen auf 180°C Umluft vorheizen. Feigen kreuzweise einschneiden und in eine Auflaufform setzen.

Salbeiblätter und Walnusskerne im Mixtopf ***10 Sek./Stufe 4.5*** *hacken. Honig und Fetakäse (zerbröselt) hinzugeben und* ***8 Sek./Stufe 3.5*** *vermengen.*

Die Feigen etwas aufklappen und mit der Masse füllen. Mit Pfeffer bestreuen und im vorgeheizten Backofen ca. 15 Min. backen.

Pro Stück: 77 kcal · 9 g KH · 2 g EW · 3 g Fett

Lecker zu
Feldsalat

- 4 PORTIONEN -

Garnelen
MIT PAPRIKA & SHERRY

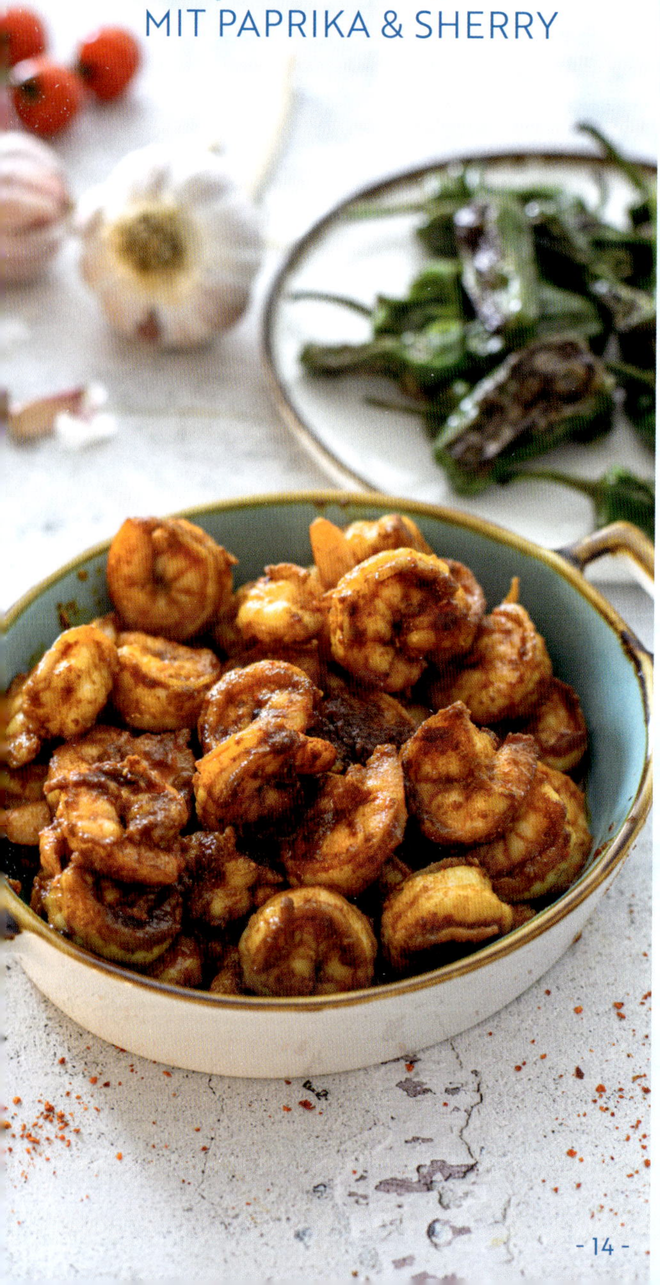

ZUTATEN

1 kg	Garnelen, roh, entdarmt, ohne Schale
1,5 EL	Paprikapulver, rosenscharf
6 EL	Olivenöl
3	Knoblauchzehen
1 TL	Chiliflocken
2 EL	Sherry, trocken
1 TL	Paprikapulver, geräuchert
etwas	Salz

ZUBEREITUNG

Garnelen mit Paprikapulver (rosenscharf) und 3 EL Olivenöl vermengen und mind. 2-3 Std. im Kühlschrank ziehen lassen. Gerne auch über Nacht.

Knoblauch im Mixtopf ***5 Sek./Stufe 6*** *hacken. Mit dem Spatel nach unten schieben, 3 EL Olivenöl und Chiliflocken zugeben und* ***1 Min./Varoma/Stufe 1*** *dünsten.*

Knoblauchöl in eine Pfanne geben, erhitzen und die marinierten Garnelen darin anbraten. Mit Sherry ablöschen, geräuchertes Paprikapulver zugeben und kurz aufkochen lassen. Mit Salz abschmecken, fertig!

Pro Portion:
352 kcal · 3 g KH · 29 g EW · 23 g Fett

- 4 PORTIONEN -

IN ROTWEIN

ZUTATEN

4	*Chorizowürste (220 g)*
5 Blätter Salbei	
1 EL	*Olivenöl*
1 TL	*Honig*
1 EL	*Balsamicoessig, dunkel (hochwertiger)*
4 EL	*Rotwein, trocken*

ZUBEREITUNG

Würste pellen und in Stücke schneiden. Salbeiblätter fein schneiden.

Eine Pfanne mit Öl erhitzen und Chorizo darin anbraten. Honig daruber geben und karamellisieren lassen. Mit Balsamico und Rotwein ablöschen und kurz aufkochen lassen. Salbei zugeben, vermengen und kurz ziehen lassen.

Fertig zum Servieren!

Pro Portion:
272 kcal · 4 g KH · 12 g EW · 22 g Fett

PIMENTOS

In einer Pfanne mit Öl von beiden Seiten anbraten und mit Meersalz würzen.

Mit Kräuter-
Käse-Füllung

- 4 PORTIONEN -

GEFÜLLTE Champignons

ZUTATEN

10-15	*Champignons, je nach Größe*
1	*Schalotte, halbiert*
etwas	*frischer Thymian und Oregano*
75 g	*Doppelrahmfrischkäse*
¼ TL	*Paprikapulver, rosenscharf*
etwas	*Salz & Pfeffer*
etwas	*spanischer Hartkäse (z.B. Manchego)*
etwas	*Olivenöl*

ZUBEREITUNG

Backofen auf 170°C Umluft vorheizen. Von den Champignons die Stiele heraus drehen und mit einem Teelöffel etwas aushöhlen. Die Pilze mit der Öffnung nach oben in eine Auflaufform setzen.

Schalotte, Thymian und Oregano im Mixtopf ***5 Sek./Stufe 5*** *zerkleinern. Frischkäse, Paprikapulver, Salz und Pfeffer zugeben und* ***10 Sek./Stufe 3*** *verrühren.*

Masse mithilfe eines Teelöffels in die Mulden der Champignons füllen. Etwas Käse darüber reiben und mit Olivenöl beträufeln. Im vorgeheizten Backofen ca. 25 Min. backen.

Pro Portion: 109 kcal · 1 g KH · 3,5 g EW · 10 g Fett

- 4 PORTIONEN -

Kaisergranaten
AUF ERDNUSS-GEMÜSE

ZUTATEN

1	*rote Paprika*
1	*grüne Spitzpaprika*
1	*Frühlingszwiebel*
1	*rote Zwiebel*
etwas	*Olivenöl*
1 EL	*Erdnussmus*
2 EL	*Sojasauce*
0,1 g	*Safranfäden*
etwas	*Salz & Pfeffer*
8	*Kaisergranaten (altern. 16 Garnelen)*
etwas	*Schnittlauch*
1	*Limette, geviertelt zum Garnieren*

INFO

Dieses Gericht habe ich in ähnlicher Art auf der Tapasmesse in Palma gegessen. Die Verbindung von Erdnuss und Safran ist geschmacklich einzigartig. Das müssen Sie unbedingt testen.

ZUBEREITUNG

Backofen auf 80°C Umluft vorheizen. Paprika, Frühlingszwiebel und Zwiebel in feine Streifen schneiden. In einer Pfanne mit heißem Olivenöl anbraten. Hitze reduzieren. Erdnussmus, Sojasauce und ca. 5-6 EL Wasser zugeben und alles gut vermengen. Safran, etwas Salz und Pfeffer zugeben und etwas kochen lassen. Auf 4 kleine Teller geben und im Backofen warm halten.

Nun die Kaisergranaten mit etwas Öl von beiden Seiten anbraten. Je 2 Stück auf dem Gemüse platzieren und mit Schnittlauchröllchen bestreuen. Mit einer Limettenspalte servieren.

Pro Portion: 550 kcal · 5,5 g KH · 34 g EW · 41 g Fett

+ Ziehzeit:
2 Tage

- 375 GRAMM -

EINGELEGTE Mozzarella-Bällchen

Mit Kräutern und Tomaten

ZUTATEN

3 P.	*Mini-Mozzarella-kugeln (à 125 g)*
1 gr.	*Knoblauchzehe*
1 Handvoll	*gemischte Kräuter (Thymian, Oregano, Basilikum, Petersilie)*
20 g	*getr. Softtomaten*

+ Olivenöl je nach Glasgröße

ZUBEREITUNG

Mozzarella abseihen und mit einem Küchenkrepp trocken tupfen. Knoblauch, Kräuter und Softtomaten im Mixtopf ***5 Sek./Stufe 7*** *zerkleinern. Zusammen mit dem Mozzarella in ein großes Schraubglas füllen. Mit Olivenöl auffüllen und 2 Tage durchziehen lassen.*

Pro ca. 50 g: 171 kcal · 1 g KH · 9 g EW · 14,5 g Fett

TIPP

Hält sich im Kühlschrank bis zu 1 Woche. Sollte das Öl fest werden, das Glas einfach 1-2 Std. vor dem Servieren herausnehmen.

- 4 PORTIONEN -

TOMATEN-Gazpacho

+ Kühlzeit: 3-4 Std.

ZUTATEN

2 Scheiben Toast
1 kg reife Tomaten
1 gr. rote Paprikaschote, in Stücken
4 Knoblauchzehen
20 g Rotweinessig
25 g Olivenöl
1 TL Salz
¼ TL Pfeffer, gem.
¼ TL Zucker

ZUBEREITUNG

Vom Toast die Rinde abschneiden. Die Scheiben in kaltem Wasser einweichen. Tomaten kreuzweise einschneiden und mit kochendem Wasser überbrühen. Danach kalt abschrecken und die Haut abziehen. Strunk herausschneiden und Tomaten in den Mixtopf geben. Toast ausdrücken und zusammen mit Paprika und Knoblauch zugeben. Das Ganze ***40 Sek./Stufe 9*** *pürieren. Restliche Zutaten zugeben und* ***10 Sek./Stufe 3*** *mischen.*

Gazpacho im Kühlschrank 3-4 Std. durchkühlen lassen. Vor dem Servieren mit etwas Petersilie, Frühlingszwiebel und Paprikawürfel garnieren.

Pro Portion:
156 kcal · 16 g KH · 4 g EW · 7 g Fett

TIPP

Wer möchte, kann noch Croûtons dazu servieren.

TIPP

Wer möchte, gibt zusätzlich etwas Aioli über die Kartoffeln.

Pro Portion:
280 kcal · 36 g KH · 5 g EW · 13 g Fett

- 6 PORTIONEN -

Patatas Bravas

MIT SALSA BRAVA

ZUTATEN

1 kg	Kartoffeln, festk.
3 EL	Olivenöl
1 EL	Salz
1 EL	Knoblauch, granuliert
2 TL	Paprikapulver, geräuchert
2 EL	Speisestärke

SALSA BRAVA

ZUTATEN

2	Knoblauchzehen
100 g	Zwiebel, in Stücken
30 g	Olivenöl
½ TL	Oregano, getr.
2-3	Lorbeerblätter
1 TL	Paprikapulver, rosenscharf
1 EL	Paprikapulver, geräuchert
1 EL	Balsamicoessig, hell
240 g	stückige Tomaten (Dose)
etwas	Salz & Pfeffer

ZUBEREITUNG

Kartoffeln waschen, schälen und in Würfel schneiden. In eine große Schüssel geben. 2 Liter Wasser aufkochen, über die Kartoffeln gießen und 15 Min. ziehen lassen. Backofen auf 240°C Ober-/Unterhitze vorheizen.

Wasser abgießen, Kartoffeln auf einem Küchenkrepp verteilen und gut abtrocknen. Wieder in die Schüssel geben. Olivenöl, Salz, Knoblauchpulver, Paprikapulver und Speisestärke zugeben, gut vermengen und auf einem mit Backpapier belegten Backblech gleichmäßig verteilen.

Für 25-30 Min. in den vorgeheizten Backofen geben. Nach der Hälfte der Zeit alles kurz durchmischen.

Für die Salsa Knoblauch und Zwiebel im Mixtopf ***5 Sek./Stufe 5*** *zerkleinern. Mit dem Spatel nach unten schieben. Öl zugeben und* ***2 Min./Varoma/Stufe 1*** *dünsten.*

Restliche Zutaten zugeben und ***15 Min./100°C/Stufe 0.5*** *kochen. Lorbeerblätter entfernen und die Salsa im Anschluss* ***20 Sek./Stufe 7*** *pürieren. Fertig! Mit den Kartoffeln servieren.*

Aioli MIT EI

20 MIN.

- 10 PORTIONEN -

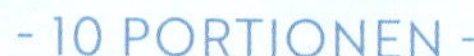

ZUTATEN

25 g	Baguette o. Toast
100 g	Milch, 1,5%
2	Knoblauchzehen
2	Eigelb
2 EL	Zitronensaft
170 g	mildes Olivenöl
etwas	Salz & Pfeffer, gem.

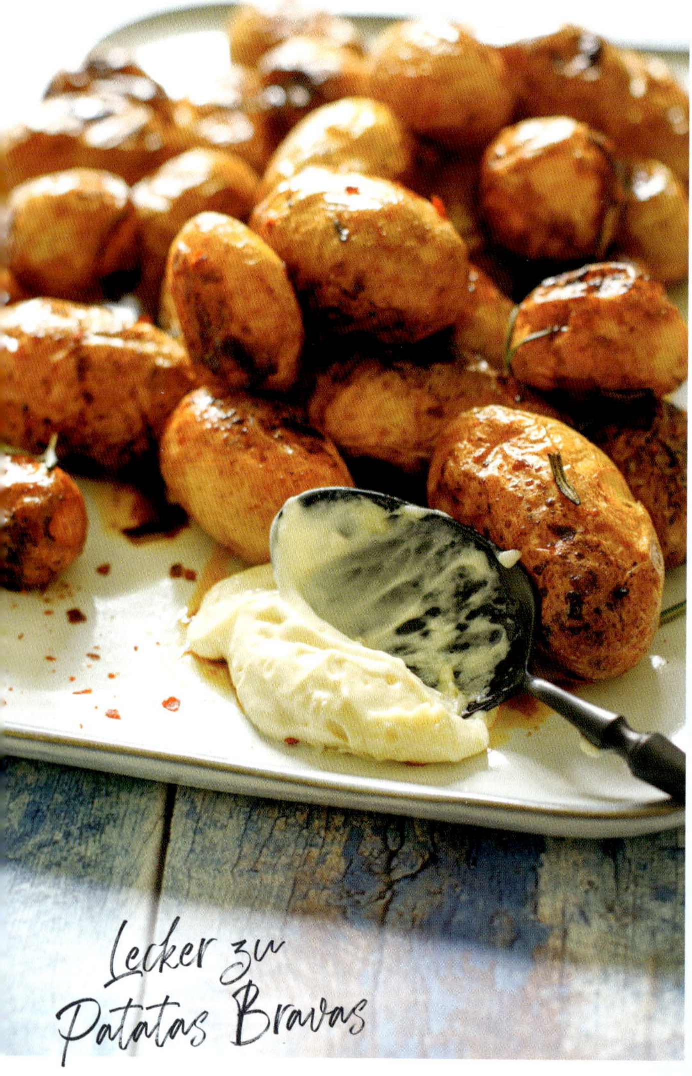
Lecker zu
Patatas Bravas

ZUBEREITUNG

Baguette in Milch einlegen und 15 Min. durchweichen lassen. Öl in ein Gefäß einwiegen.

Knoblauchzehen im Mixtopf **5 Sek./Stufe 5** zerkleinern. Mit dem Spatel nach unten schieben. Eigelb und Zitronensaft zugeben und Thermomix auf **Stufe 4** laufen lassen. Nun das Öl in dünnem Strahl durch das Deckelloch einlaufen lassen. Danach Thermomix stoppen.

Brot samt Milch zugeben und alles auf **Stufe 8** pürieren, bis eine cremige Aioli entstanden ist.

Pro Portion:
173 kcal · 2 g KH · 1 g EW · 17 g Fett

AIOLI, BROT UND OLIVEN

wird in fast allen Restaurants im Mittelmeerraum als Vorspeise serviert. Auf Mallorca wird die Aioli ohne Ei zubereitet. Hier das Rezept:

- 6 PORTIONEN -

Mallorquinische Aioli

OHNE EI

ZUTATEN

1 mittelgr. Knoblauchzehe
100 ml neutrales Öl
50 ml Milch
1 Spritzer Zitronensaft
½ TL Salz
¼ TL weißer Pfeffer, gem.

ZUBEREITUNG

Knoblauchzehe durch eine Knoblauchpresse drücken oder sehr fein hacken und in ein hohes Gefäß geben. Restliche Zutaten zugeben und mit einem Pürierstab auf höchster Stufe cremig mixen. Fertig!

Kann im Kühlschrank 2-3 Tage aufbewahrt werden.

Ohne Thermomix

Aufgrund der geringen Menge gelingt die Zubereitung leider nicht im Thermomix.

Pro Portion:
155 kcal · 1 g KH · 0,3 g EW · 17 g Fett

- 6 PORTIONEN -

GERÖSTETE Knoblauchcreme

TIPP

Wer möchte, kann noch etwas frische Kräuter zur Creme geben. Die Creme passt gut zu Ofenkartoffeln oder Brot.

ZUTATEN

1 ganze	Knolle Knoblauch
1 EL	Olivenöl
50 g	Mayonnaise
100 g	Naturjoghurt, 10% Fett
50 g	Doppelrahmfrischkäse
etwas	Salz & Pfeffer

ZUBEREITUNG

Von der Knoblauchknolle den „Deckel" abschneiden und mit Olivenöl beträufeln. Auf ein mit Backpapier belegtes Backblech setzen und im vorgeheizten Backofen bei 200°C Umluft ca. 20 Min. rösten. Danach abkühlen lassen.

Die Zehen nun aus der Knolle lösen und im Mixtopf **8 Sek./Stufe 5** hacken. Alles mit dem Spatel nach unten schieben. Restliche Zutaten zugeben und **1 Min./Stufe 3.5** vermengen.

Sofort servieren oder im Kühlschrank aufbewahren.

Pro Portion:
131 kcal · 3 g KH · 2 g EW · 12 g Fett

Mojo Rojo

TIPP

Passt sehr gut zu Kartoffeln oder Fleisch!

ZUTATEN

300 g rote Spitzpaprika
2-3 Knoblauchzehen
1 Scheibe Toastbrot, ohne Rinde
80 g Olivenöl
50 g Rotwein, trocken
1 EL Parmesan, gerieben
20 g Chiliöl
1 TL Paprikapulver, edelsüß
1 TL Meersalz

ZUBEREITUNG

Spitzpaprika waschen und auf ein mit Backpapier belegtes Backblech geben. Bei 200°C Umluft so lange garen, bis die Haut der Paprika dunkle Blasen wirft. Paprika aus dem Ofen nehmen, mit einem nassen Geschirrtuch abdecken und etwas auskühlen lassen. Paprika nun entkernen, dunkle Hautstellen wegschneiden und die Parpika in Stücken in den Mixtopf geben.

Restliche Zutaten zugeben und ***20 Sek./Stufe 10*** *mixen. Fertig!*

Pro Portion:
114 kcal · 3,5 g KH · 1 g EW · 10 g Fett

- 8 PORTIONEN -

QUITTEN-Aprikosen-Salsa

ZUTATEN

30 g Pinienkerne
80 g getrocknete Soft-Aprikosen
200 g Quittengelee
1 Prise Salz

ZUBEREITUNG

Pinienkerne in einer Pfanne ohne Fett anrösten, bis sich diese dunkel bräunen. Soft-Aprikosen in kleine Würfel schneiden. Zusammen mit dem Quittengelee und etwas Salz zugeben. Erhitzen, bis alles flüssig ist und dann in eine Schüssel umfüllen. Abkühlen lassen und zum Käse servieren.

Kann mehrere Tage im Kühlschrank aufbewahrt werden.

Pro Portion:
107 kcal · 21 g KH · 1 g EW · 2 g Fett

- 6 PORTIONEN -

MARINIERTER *Manchego*

MIT SÜSS-SALZIGEN MANDELN

ZUTATEN

175 g	Manchego-Käse
8 getr.	Soft-Aprikosen
60 g	Mandeln o. Haut (blanchiert)
2 EL	Olivenöl
1 EL	Honig
½ TL	Meersalz

ZUBEREITUNG

Käse würfeln und in eine Schüssel geben. Aprikosen achteln und zusammen mit den Mandeln in einer Pfanne ohne Fett anrösten. Vom Herd nehmen und sofort Olivenöl und Honig in die noch heiße Pfanne zugeben und vermengen. Salz zugeben und mit dem Käse vermischen. Sofort noch warm servieren.

MANCHEGO

ist ein spanischer Hartkäse, der aus Schafsmilch hergestellt wird. Sie erhalten ihn in der Regel an der Käsetheke in gut sortierten Supermärkten.

Pro Portion: 260 kcal · 10 g KH · 10 g EW · 20 g Fett

Tortilla DE PATATAS

Eine Tortilla ist ein spanisches Omelett aus Eiern mit Kartoffeln und Zwiebeln. Wer möchte, kann auch noch Knoblauch zugeben. Die Tortilla wird im Ofen gebacken und danach kalt in Stücke geschnitten.

- 4 PORTIONEN -

+ Kühlzeit: 15 Min.

ZUTATEN

1 kl. Zwiebel, halbiert
1 Handvoll Petersilie
1 EL Olivenöl
4 Eier
1 TL Salz
etwas Pfeffer & Muskat, gem.
375 g kalte gekochte Kartoffeln
35 g Milch, 1,5%

ZUBEREITUNG

*Zwiebel und Petersilie im Mixtopf **5 Sek./Stufe 5** zerkleinern. Olivenöl zugeben und **2 Min./120°C/Stufe 1** dünsten. Deckel abnehmen und das Ganze 15 Min. abkühlen lassen.*

*Eier, Salz, Pfeffer und Muskat zugeben und **10 Sek./Stufe 5** mixen. Gekochte Kartoffeln halbieren oder vierteln (je nach Größe) und mit Milch zugeben und **5 Sek./Stufe 3.5** mischen.*

Masse in eine gefettete Auflaufform gießen und im Backofen bei 180°C Ober-/Unterhitze ca. 25-30 Min. backen. Abkühlen lassen und in Würfel schneiden.

TIPP

Wer die Tortilla warm servieren möchte, gibt die Tortillastücke in eine feuerfeste Form und erwärmt diese im Ofen bei 150°C Umluft ca. 15 Minuten.

Variante: Mischen Sie noch etwas Speckwürfelchen unter die Masse.

Pro Portion: 185 kcal · 15 g KH · 9 g EW · 9 g Fett

Rund um Oliven

Spanien ist der größte Tafelolivenproduzent weltweit. Etwa 22 Prozent der gesamten Olivenproduktion findet auf der iberischen Halbinsel statt. Zu den wichtigsten Olivensorten zählen Picual & Manzanilla. Ungefähr die Hälfte aller Oliven, die in Spanien geerntet werden, sind Picual-Oliven.

Frittierte Oliven

Hierzu Oliven (mit Knoblauch gefüllt) gut abtropfen lassen. Dann in Mehl wälzen und mit Ei und Semmelbrösel panieren. Einen Topf mit Brat-/Frittieröl erhitzen, bis es leicht raucht. Oliven hineinkippen und sofort (nach 2-3 Sek.) mit einer Schaumkelle herausholen.

Oliven als Aufstrich!

- 6 PORTIONEN -

OLIVEN-TOMATEN-Tapenade

ZUTATEN

1	*Knoblauchzehe*
100 g	*getrocknete Tomaten, in Öl*
100 g	*grüne Oliven, entsteint*
30 g	*Kapern*
etwas	*Zitronenschalenabrieb*
1 TL	*Thymian, getr.*
50 g	*Olivenöl*
etwas	*Salz und Pfeffer*

ZUBEREITUNG

*Knoblauch in den Mixtopf geben und **5 Sek./Stufe 5** zerkleinern. Getrocknete Tomaten, Oliven und Kapern zugeben und erneut **5 Sek./Stufe 5** zerkleinern.*

*Alles mit dem Spatel nach unten schieben, restliche Zutaten zugeben und **30 Sek./Stufe 3** verrühren.*

Pro Portion: 144 kcal · 3 g KH · 1 g EW · 14 g Fett

- 6 PORTIONEN -

GRÜNE Oliventapenade

ZUTATEN

150 g grüne Oliven, entsteint
1 Knoblauchzehe
3-4 Blätter Zitronenmelisse
1 EL Kapern
70 g Olivenöl
1 EL Zitronensaft
1 Prise Chilipulver
etwas Meersalz
etwas Pfeffer, frisch gem.

ZUBEREITUNG

Oliven, Knoblauch, Zitronenmelisse und Kapern im Mixtopf ***8 Sek./Stufe 6*** *hacken.*

Alles mit dem Spatel nach unten schieben. Restliche Zutaten zugeben und ***1 Min./Stufe 3.5*** *vermengen.*

Sofort servieren oder im Kühlschrank aufbewahren.

Pro Portion:
149 kcal · 0,5 g KH · 0,5 g EW · 15 g Fett

TIPP

Die Tapenade isst man zu Brot oder Baguette. Sie hält sich im Kühlschrank mehrere Tage.

- 8 PORTIONEN -

MEDITERRANE Olivencreme

ZUTATEN

30 g	*Zwiebel*
1	*Knoblauchzehe*
1 Hdv.	*Petersilie*
15 g	*Olivenöl*
80 g	*schwarze Oliven, entsteint*
80 g	*Naturjoghurt, 10%*
200 g	*Schmand*
etwas	*Meersalz*
etwas	*Pfeffer, frisch gem.*
etwas	*Paprikapulver*

ZUBEREITUNG

Zwiebel, Knoblauch und Petersilie im Mixtopf ***5 Sek./Stufe 6*** *hacken.*

Alles mit dem Spatel nach unten schieben. Öl zugeben und ***2 Min./Varoma/Stufe 1*** *dünsten. Restliche Zutaten zugeben und* ***20 Sek./Stufe 9*** *pürieren. Mit etwas Olivenöl, Petersilie, 2-3 Oliven und Paprikapulver garnieren.*

Pro Portion:
106 kcal · 2 g KH · 1 g EW · 10 g Fett

TIPP

Die Creme passt auch gut zu gebratenem Fleisch oder Kartoffeln.

TIPP

Servieren Sie zum Brot eine kleine Schüssel Olivenöl (gute Qualität) sowie etwas Meersalz mit frisch gehackten Rosmarinnadeln. Jeder gibt etwas auf seinen Teller und tunkt das Brot in Öl und etwas Salz.

- CA. 12 SCHEIBEN -

OLIVEN-Ciabatta

+ Gehzeit: 1,5 Std.

ZUTATEN

1 Glas spanische Oliven, schwarz, entsteint (Abtr.gew. 155 g)
¾ Würfel Hefe (30 g)
400 g Wasser, lauwarm
10 g Zucker
600 g Weizenmehl, Type 405
50 g Hartweizengrieß
10 g Meersalz

ZUBEREITUNG

Oliven abtropfen lassen und beiseitestellen. Hefe, Wasser, Zucker und 250 g Mehl im Mixtopf ***2 Min./37°C/Stufe 2.5*** *verrühren und 30 Min. ruhen lassen.*

Danach 350 g Mehl und restliche Zutaten (außer Oliven) zugeben und ***3 Min./Teigstufe*** *kneten. Dabei die letzten 30 Sek. die Oliven durch das Deckelloch zugeben.*

Teig in eine bemehlte Schüssel geben und von Hand die Oliven nochmal leicht unterkneten. Teig 1 Std. gehen lassen.

Ein Backblech mit Backpapier belegen und mit Mehl bestreuen. Teig mit dem Spatel oder einer Teigkarte vorsichtig auf das Backblech geben. Etwas Mehl über den Teig streuen und von Hand in Form bringen. NICHT MEHR KNETEN! Somit bleibt die „Luft" im Teig.

Ciabatta im vorgeheizten Backofen bei 200°C Umluft ca. 20-25 Min. backen. Nach der Hälfte der Zeit etwas Wasser auf das Brot sprühen.

Pro Scheibe: 211 kcal · 40 g KH · 6 g EW · 2 g Fett

Mit Iberico-
Schinken umwickelt

- 12-14 STÜCK -

GRATINIERTE

MIT ZIEGENKÄSE

ZUTATEN

6-7 Aprikosen
1 Knoblauchzehe
1 TL Thymian, getr.
5-6 Basilikumblätter
1 TL Olivenöl
100 g Ziegenkäse
12-14 ganze Mandeln
150 g Iberico-Schinken, altern. Serrano-schinken

Auch lecker mit Feigen!

ZUBEREITUNG

Backofen auf 200°C Umluft vorheizen. Aprikosen halbieren und den Kern entfernen. Mit einem Kugelausstecher etwas Fruchtfleisch ausstechen, damit die Füllung Platz hat.

*Knoblauch, Thymian und Basilikum in den Mixtopf geben und **5 Sek./Stufe 6** zerkleinern. Olivenöl und Ziegenkäse zugeben und **10 Sek./Stufe 3.5** mixen.*

Die Masse auf die Aprikosenhälften aufteilen und mit je einer Mandel belegen. Danach mit Schinken umwickeln und auf ein mit Backpapier belegtes Backblech setzen.

Im vorgeheizten Backofen ca. 15 Min. gratinieren. Danach servieren.

TIPP

Wer keinen Ziegenkäse mag, kann Fetakäse verwenden. Statt Aprikosen eignen sich je nach Saison auch Feigen.

Pro Stück: 69 kcal · 2 g KH · 5 g EW · 4 g Fett

- 16 SCHEIBEN -

Pan con Tomate

SPANISCHES TOMATENBROT

ZUTATEN

8 Scheiben Ciabattabrot
etwas Olivenöl
1 Knoblauchzehe
1 kl. Handvoll Petersilie
3 reife Tomaten
½ TL Meersalz
2 EL Olivenöl

TIPP

Die Brote schmecken auch kalt sehr gut. Die Masse jedoch erst vor dem Servieren darauf geben.

ZUBEREITUNG

Backofen auf 220°C Umluft vorheizen. Ciabattascheiben halbieren, sodass man 16 kleinere Scheiben erhält. Scheiben auf ein mit Backpapier belegtes Backblech geben und mit etwas Olivenöl beträufeln. Für 5 Min. in den Ofen geben.

Knoblauch und Petersilie in den Mixtopf geben und ***5 Sek./Stufe 6*** *zerkleinern. Tomaten kreuzweise einschneiden und mit kochendem Wasser überbrühen. Danach kalt abschrecken und die Haut abziehen. Strunk herausschneiden und Tomaten in Stücken in den Mixtopf geben.* ***10 Sek./Stufe 4.5*** *zerkleinern. Salz und 2 EL Olivenöl zugeben und* ***3 Sek./Stufe 3*** *vermengen.*

Tomatenpüree auf die warmen Brotscheiben geben und nochmal mit etwas Öl beträufeln. Sofort servieren.

Pro Scheibe: 70 kcal · 9,5 g KH · 1 g FW · 3 g Fett

- 4 PORTIONEN -

Pulpo Salat

ZUTATEN

250 g	gegarter Pulpo
1	Knoblauchzehe
1	Karotte
30 g	Olivenöl
1 Stange Sellerie	
½	rote Paprika
1	grüne Spitzpaprika
½ TL	Honig
½ TL	Worcestersauce
¼ TL	weißer Pfeffer, gem.
½ TL	Salz
etwas	Paprikapulver, edelsüß
½	Zitrone, Saft davon
1 Handvoll Dill, gehackt	
1 EL	Balsamicoessig, hell

ZUBEREITUNG

Pulpo in dünne Scheiben schneiden und in eine Schüssel geben. Knoblauch im Mixtopf ***5 Sek./Stufe 6*** *hacken. Karotte in kleine Würfel schneiden und zusammen mit dem Olivenöl zugeben. Nun* ***7 Min./100°C/Stufe 1*** *dünsten. Über den Pulpo geben.*

Stangensellerie und Paprika ebenso in kleine Würfel schneiden. Zusammen mit den restlichen Zutaten unter den Salat mischen. Im Kühlschrank durchziehen lassen.

Dazu servieren Sie Baguette.

Pro Portion: 133 kcal · 5 g KH · 9 g EW · 7 g Fett

Mit Edamame

- 2 PORTIONEN -

Avocado Ceviche

ZUTATEN

1 Handvoll Koriander
2 gr. reife Avocados
2 Limetten, Saft davon
1 TL Reisessig
½ TL Salz
½ TL Zucker
etwas Pfeffer, gem.
etwas Chiliflocken
1 Handvoll Edamame
¼ rote Zwiebel, in Spalten
etwas schwarzer Sesam

ZUBEREITUNG

Koriander im Mixtopf ***5 Sek./Stufe 7*** *hacken. Fruchtfleisch einer Avocado zugeben und* ***5 Sek./Stufe 5*** *zerkleinern. Alles mit dem Spatel nach unten schieben. Limettensaft, Reisessig und Gewürze zugeben und* ***20 Sek./Stufe 3.5*** *vermengen.*

Die zweite Avocado in Würfel schneiden und mit der Masse aus dem Mixtopf und Edamame vermengen.

Auf 2 Tellern oder einer größeren Platte anrichten, mit Zwiebelspalten und Sesam garnieren.

TIPP

Dazu servieren Sie Baguette oder Taco Shells zum Dippen.

Pro Portion: 359 kcal · 8 g KH · 5 g EW · 27,5 g Fett

- 6 PORTIONEN -

Balsamicozwiebeln
MIT ROSMARIN

ZUTATEN

1	Knoblauchzehe
1 EL	Rosmarinnadeln
500 g	Schalotten (kleine)
25 g	brauner Zucker
200 g	Aceto Balsamico
60 g	Wasser
etwas	Salz & Pfeffer
½ TL	Gemüsebrühpulver
1 geh. TL	Speisestärke

ZUBEREITUNG

*Knoblauch und Rosmarin im Mixtopf **5 Sek./Stufe 6** hacken. Schalotten schälen und in den Mixtopf zugeben (Gewicht geschält ca. 400 g). Restliche Zutaten (außer Speisestärke) zugeben und **20 Min./⟲/Varoma/ Sanftrührstufe** garen. Den Messbecher dabei nicht in den Deckel einsetzen, sondern Gareinsatz als Spritzschutz oben auf den Mixtopf stellen.*

*Danach Schalotten herausnehmen. Speisestärke mit 1 EL Wasser anrühren und zur Flüssigkeit in den Mixtopf geben. Nochmal **3 Min./90°C/Stufe 3** erhitzen. Mit den Schalotten vermengen und abkühlen lassen.*

Pro Portion:
97 kcal · 15,5 g KH · 1 g EW · 0,4 g Fett

- 4 PORTIONEN -

MARINIERTER Thunfisch

SCHNELL UND LECKER!

ZUTATEN

1 Glas	weiße Thunfisch-filets (150 g)
¼	rote Paprika
½	kl. rote Zwiebel
2 EL	Olivenöl
½	Zitrone, Saft davon
etwas	Salz
etwas	Pfeffer, frisch gem.
etwas	Petersilie
etwas	Frühlingszwiebel-ringe

ZUBEREITUNG

Thunfisch abtropfen lassen und die Filets auf einem Teller anrichten. Paprika klein würfeln, Zwiebel fein hobeln. Über den Thunfisch geben. Mit Olivenöl, Zitronensaft, Salz und Pfeffer marinieren. Etwas gehackte Petersilie und Lauchzwiebelringe darüber streuen und servieren.

Dazu servieren Sie Baguettescheiben.

THUNFISCH

Der weiße Thunfisch, oder besser bekannt unter Bonito del Norte, ist eine sehr hochwertige Thunfisch-Art. Das zarte weiße Fleisch ist besonders aromatisch und geschmackvoll. Im Vergleich zu den „üblichen" Thunfischfilets in Dosen ist der Geschmacksunterschied allein schon in der Textur wirklich beeindruckend.

Pro Portion:
126 kcal · 1 g KH · 9 g EW · 9 g Fett

TIPP

Wer möchte, kann mit etwas Balsamicocreme den Teller noch mit Tupfen verzieren.

- 14-16 STÜCK -

Zucchini-Röllchen

MIT FETACREME-FÜLLUNG

ZUTATEN

1 gr. Zucchini
3 EL Olivenöl
1 TL ital. Kräuter, getr.
1 TL Paprikapulver, edelsüß

FÜR DIE FÜLLUNG

1 Knoblauchzehe
5-6 Basilikumblätter
100 g Fetakäse
100 g Schmand
1 TL Paprikapulver
etwas Pfeffer, gem.
1 EL Milch, 1,5%

ZUM GARNIEREN

4 -5 Cocktailtomaten
14-16 kl. Basilikumblätter

14-16 Zahnstocher

ZUBEREITUNG

Backofen auf 180°C Umluft vorheizen. Öl mit ital. Kräutern und Paprikapulver verrühren. Zucchini längs in ca. 14-16 dünne Scheiben hobeln. Scheiben auf ein mit Backpapier belegtes Backblech legen und mit der Öl-Kräuter-Mischung bepinseln. Für 15-20 Min. in den Ofen geben.

*In der Zwischenzeit Knoblauch und Basilikum im Mixtopf **5 Sek./Stufe 5** hacken. Fetakäse in Stücken zugeben und erneut **3 Sek./Stufe 5** zerkleinern. Mit dem Spatel alles nach unten schieben. Restliche Zutaten für die Füllung zugeben und **20 Sek./Stufe 3** verruhren.*

Die Zucchinischeiben nach dem Garen abkühlen lassen. Mit der Fetacreme dick bestreichen und locker aufrollen.

Zum Garnieren Cocktailtomaten in Scheiben schneiden und mit je einem Basilikumblatt und Zahnstocher fixieren.

Pro Röllchen (bei 16): 64 kcal · 1 g KH · 2 g EW · 5 g Fett

GRÜNER SPARGEL MIT ZITRONEN-AIOLI

TIPP

Die Zitronen-Aioli passt auch perfekt zu Brot und Oliven.

- 4 PORTIONEN -

Espárragos verdes CON AIOLI DE LIMÓN

ZUTATEN

500 g grüner Spargel
1 EL Öl
1 TL Knoblauch, granuliert

FÜR DIE AIOLI

1 gr. Knoblauchzehe
8-10 Basilikumblätter
125 g Olivenöl, mild
2 Prisen Salz
2 Prisen Zucker
etwas Pfeffer, frisch gem.
2 Eigelb
1 Zitrone, Saft und Schalenabrieb davon
100 g griech. Joghurt, 10%

ZUBEREITUNG

Backofen auf 180°C Umluft vorheizen und die Aioli zubereiten. Knoblauch und Basilikumblätter im Mixtopf ***8 Sek./Stufe 5*** *hacken. Öl, Salz, Zucker und Pfeffer zugeben und* ***3 Sek./Stufe 5*** *mixen. In eine Tasse umfüllen.*

Eigelb, Zitronensaft und Schalenabrieb in den Mixtopf geben und Thermomix auf ***Stufe 4*** *laufen lassen. Das Basilikumöl durch die Deckelöffnung im dünnem Strahl zugießen. Wenn das komplette Öl im Thermomix ist, Gerät stoppen. Joghurt zugeben und* ***10 Sek./Stufe 3*** *verrühren. Sauce umfüllen und kalt stellen.*

Vom Spargel die Enden abschneiden und im unteren Drittel schälen. Mit 1 EL Öl und Knoblauchpulver mischen. In eine Auflaufform legen und im Backofen ca. 20 Min. backen.

Auf einer Platte anrichten und mit Zitronen-Aioli servieren.

Pro Portion: 414 kcal · 5 g KH · 6 g EW · 39 g Fett

Zitronen-Aioli (pro 30 ml): 139 kcal · 1 g KH · 1 g EW · 14 g Fett

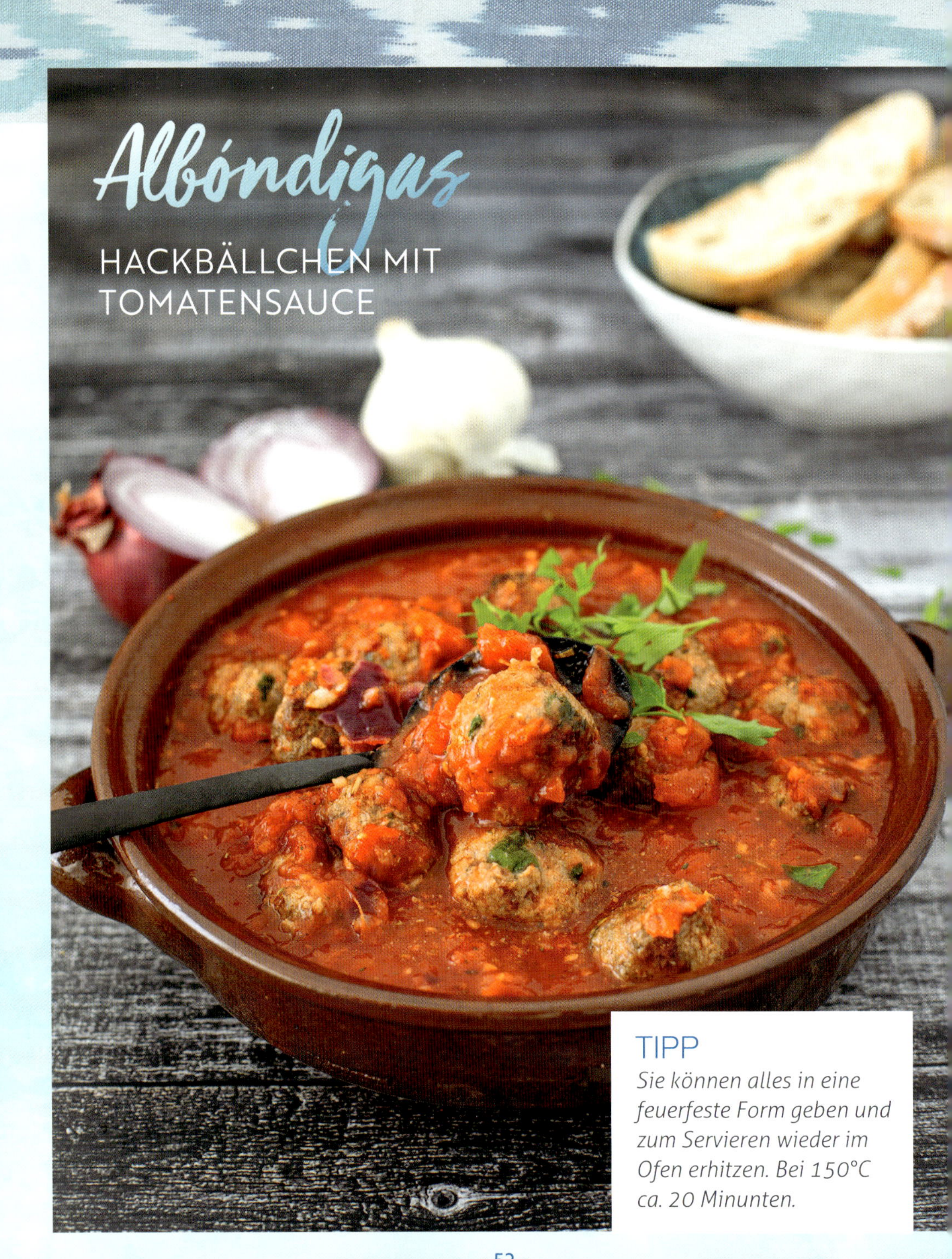

Albóndigas

HACKBÄLLCHEN MIT TOMATENSAUCE

TIPP

Sie können alles in eine feuerfeste Form geben und zum Servieren wieder im Ofen erhitzen. Bei 150°C ca. 20 Minuten.

ZUTATEN

FÜR DIE HACKBÄLLCHEN

etwas Petersilie
2 Knoblauchzehen
20 g Pinienkerne
1 Ei
2 EL Paniermehl
1 gestr. TL Meersalz
etwas Pfeffer, gem.
1 TL Paprikapulver, rosenscharf
½ TL Paprikapulver, geräuchert
500 g Hackfleisch, gemischt

FÜR DIE TOMATENSAUCE

2 Knoblauchzehen
1 kl. rote Zwiebel, halbiert
20 g Olivenöl
400 g Tomaten, stückig (Dose)
30 g Weißwein, trocken
10 g Tomatenmark
1 Tl Gemüsebrühpulver
1 TL Rosmarin, gehackt
1 TL Thymian, getr.
½ TL Salz
etwas Pfeffer, gem.
1 TL Paprikapulver, geräuchert
etwas Chilipulver
etwas Zimt, gem.

ZUBEREITUNG

*Petersilie und Knoblauch im Mixtopf **5 Sek./Stufe 6** zerkleinern. Pinienkerne zugeben und **5 Sek./Stufe 5** mixen. Restliche Zutaten für die Hackbällchen hinzufügen und **1 Min./Teigstufe** kneten. Aus dem Teig ca. 30 kleine Bällchen formen. Diese in einer Pfanne mit Öl ringsum anbraten.*

*Mixtopf spülen und Tomatensauce zubereiten. Knoblauch und Zwiebel im Mixtopf **5 Sek./Stufe 5** zerkleinern. Mit dem Spatel nach unten schieben. Öl zugeben und **2 Min./Varoma/Stufe 1** dünsten. Restliche Zutaten für die Sauce zugeben und **8 Min./100°C/Stufe 1** kochen. Sauce über die heißen Hackbällchen geben und servieren.*

15 MIN.

Bohnen in Tomatensauce

EN SALSA DE TOMATE

ZUTATEN

400 g	*große weiße Bohnen, aus dem Glas*
½	*rote Zwiebel*
1 EL	*Olivenöl*
½	*Zitrone, Saft davon*
200 g	*stückige Tomaten (Dose)*
½ TL	*Oregano, getr.*
½ TL	*Paprikapulver, nach Wahl*
½ TL	*Salz*
etwas	*Pfeffer, gem.*
etwas	*Petersilie, gehackt*

ZUBEREITUNG

Bohnen absieben und waschen. Zwiebel im Mixtopf ***5 Sek./Stufe 5*** *zerkleinern. Mit dem Spatel nach unten schieben. Öl zugeben und* ***2 Min./Varoma/Stufe 1*** *dünsten. Zitronensaft, stückige Tomaten und Gewürze zugeben und* ***3 Min./100°C/Stufe 1*** *erhitzen.*

Bohnen zugeben und ***2 Min./100°C/⟲/Sanftrührstufe*** *erwärmen. Mit Petersilie bestreut servieren.*

Pro Portion: 156 kcal · 17 g KH · 7 g EW · 5 g Fett

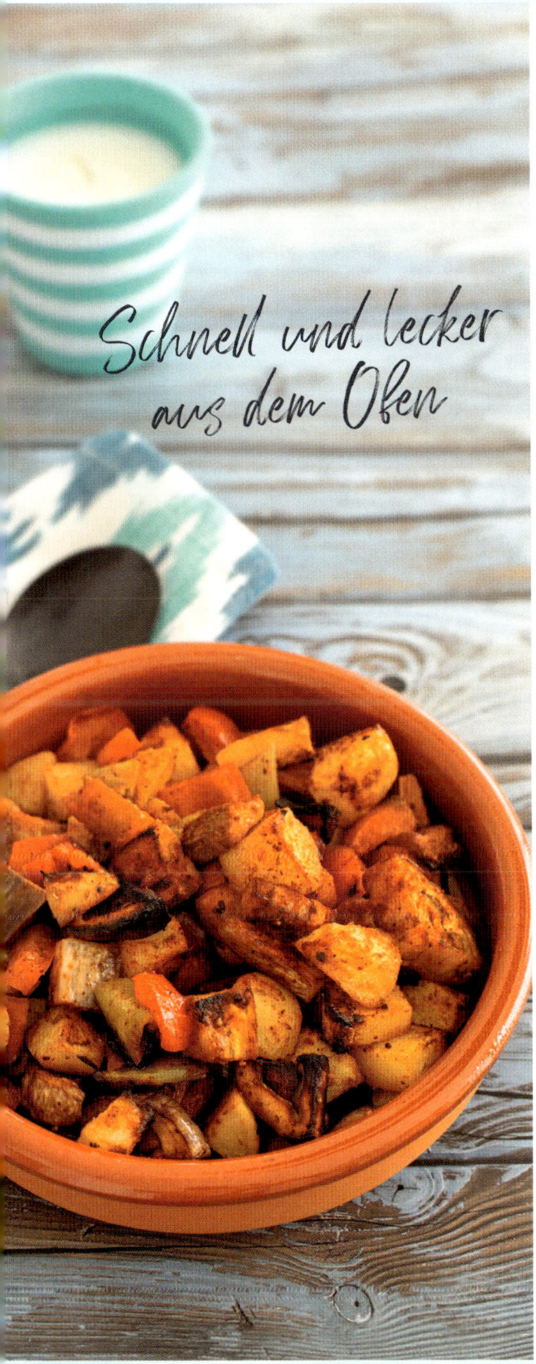

Schnell und lecker aus dem Ofen

- 4 PORTIONEN -

MALLORQUIN

ZUTATEN

1 kl. Aubergine
1 grüne Spitzpaprika
1 rote Paprika
3 Kartoffeln, festk.
50 g Olivenöl
1 gestr. TL Meersalz
1 TL Oregano, getr.
1 TL Paprikapulver, geräuchert
etwas Pfeffer, gem.

ZUBEREITUNG

Backofen auf 200°C Umluft vorheizen.

Gemüse klein würfeln. Mit Öl und Gewürzen gut vermengen.

Auf ein mit Backpapier belegtes Backblech geben und im vorgeheizten Backofen ca. 20-25 Min. backen.

Pro Portion:
186 kcal · 14 g KH · 3 g EW · 12 g Fett

Cremige Käse-Kroketten

TIPP

Die Kroketten schmecken warm oder auch kalt. Wer möchte, kann etwas klein gewürfelten Schinken unter die Masse mischen.

- 20 STÜCK -

+ Kühlzeit: 2 Std.

Croquetas DE QUESO

ZUTATEN

100 g Parmesan
100 g Butter
100 g Weizenmehl, Type 405
400 g Milch, 1,5%
½ TL Salz
2 Prisen Pfeffer, gem.
etwas Paprikapulver
¼ TL Muskat, gem.

ZUM PANIEREN & FRITTIEREN

etwas Mehl
2 Eier
100 g grobes Paniermehl/ Semmelbrösel
etwas Frittierfett

ZUBEREITUNG

Parmesan in Stücken in den Mixtopf geben und ***10 Sek./Stufe 9*** *reiben. Umfüllen.*

Butter im Mixtopf ***5 Min./100°C/Stufe 1*** *schmelzen. Mehl zugeben und* ***3 Min./100°C/Stufe 1*** *anschwitzen. Milch und Gewürze zugeben und* ***4-5 Min./90°C/Stufe 3*** *kochen. Sobald die Temperatur erreicht ist, noch 1 Min. weiterkochen lassen. Nun geriebenen Parmesan zugeben und* ***1 Min./90°C/Stufe 3*** *vermischen. Masse in eine kleine Auflaufform (25 x 25 cm) geben, glatt streichen und für 2 Std. in den Kühlschrank geben.*

Aus der festen Masse nun mit einem Esslöffel kleine Portionen abnehmen und mit etwas Mehl zu Kroketten rollen.

Die Kroketten zuerst in verquirlte Eier geben, danach mit Paniermehl panieren. Auf einen Teller legen und bis zum Frittieren nochmal in den Kühlschrank geben. Die Kroketten dann in einem Topf mit heißem Öl frittieren, alternativ in einer Fritteuse. Das Fett sollte sehr heiß sein und die Kroketten sollten nur kurz frittiert werden.

Pro Stück: 108 kcal · 8,5 g KH · 4 g EW · 6 g Fett

Pan CON SULTANAS

- 12 SCHEIBEN -

+ Gehzeit: 1 Std.

ZUTATEN

250 g Wasser
½ Würfel frische Hefe
20 g Butter
1 TL Zucker
100 g Weizenvollkornmehl
400 g Weizenmehl, Type 405
1 TL Meersalz
40 g Rosinen
40 g Kürbiskerne

etwas Öl zum Bestreichen

Zubehör: Kastenform (30 cm)

ZUBEREITUNG

Wasser, Hefe, Butter und Zucker im Mixtopf **2 Min./37°C/Stufe 1** erwärmen. Restliche Zutaten zugeben und **2 Min./Teigstufe** kneten.

Teig in eine gefettete Kastenform geben und ca. 1 Std. abgedeckt gehen lassen.

Danach mit Öl bepinseln und im vorgeheizten Backofen bei 200°C Ober-/Unterhitze ca. 25-30 Min. backen.

Pro Scheibe:
195 kcal · 32 g KH · 6 g EW · 4 g Fett

TIPP

Servieren Sie dazu die grüne Oliventapenade. Die Kombination aus süss und salzig ist einfach himmlisch.

Brot mit Rosinen und Kürbiskernen

TIPP

Die Spieße können Sie auch über Nacht marinieren lassen.

- 5 SPIESSE -

Hähnchen-Spieße

MIT PAPRIKA-MARINADE

+ Marinierzeit: 4-5 Std.

ZUTATEN

500 g	Hähnchen-Minutenschnitzel
etwas	Öl

FÜR DIE MARINADE

2	Knoblauchzehen
½	rote Zwiebel
50 g	rote Paprika
125 g	Öl, neutral
1 TL	Salz
¼ TL	Pfeffer, gem.
3 TL	Zucker
1 TL	Chiliflocken
1 TL	Paprikapulver, geräuchert

Zubehör: 5 Holzspieße

ZUBEREITUNG

Hähnchenfleisch in ca. 4-5 cm breite Streifen schneiden. Holzspieße beölen und Fleisch aufgefächert aufspießen.

Für die Marinade Knoblauch und Zwiebel im Mixtopf ***5 Sek./Stufe 5*** *zerkleinern. Restliche Zutaten zugeben und* ***15 Sek./Stufe 10*** *pürieren. Spieße in der Marinade mind. 4-5 Std. ziehen lassen, besser über Nacht.*

Spieße aus der Marinade nehmen und entweder grillen oder in der Pfanne anbraten. Vor dem Servieren nochmal mit etwas Marinade bepinseln und mit Paprikapulver bestreuen.

Pro Spieß: 346 kcal · 5 g KH · 22 g EW · 27 g Fett

*Sie brauchen hier 500 g, denn durch das Entfernen von Kopf und Schale bleiben netto nur ca. 250 g übrig. Wenn Sie z.B. Partygarnelen ohne Kopf und Schale kaufen reichen 250 g.

Knuspriges Baguette mit Gambas!

- 8 STÜCK -

Pintxos de Gambas

GERÖSTETES BAGUETTE MIT GARNELEN

ZUTATEN

8 Baguettescheiben (schräg geschnitten)
etwas Olivenöl
etwas Salz

FÜR DEN BELAG

*500 g gekochte Garnelen (s. Bild)**
1 Knoblauchzehe
etwas Petersilie
2 TL Zitronensaft
1 TL Olivenöl
15 g Mayonnaise
25 g Doppelrahmfrischkäse
2 Msp. Paprikapulver, geräuchert
2 Msp. Pfeffer, frisch gem.
etwas Salz

Zubehör:
Holzspieße zum Fixieren

ZUBEREITUNG

Für den Belag von den Garnelen den Kopf entfernen und die Garnelen schälen. Beiseitestellen. 150 g kommen später in den Mixtopf, die restlichen Garnelen kommen oben auf die fertigen Pintxos.

Backofen auf 200°C Umluft vorheizen. Baguettescheiben auf ein mit Backpapier belegtes Backblech legen und mit etwas Olivenöl bepinseln. Mit etwas Salz würzen und für ca. 4-5 Min. in den Ofen geben.

Knoblauch und Petersilie im Mixtopf **5 Sek./Stufe 6** *zerkleinern. Nun 150 g der geschälten Garnelen zugeben und* **5 Sek./Stufe 5** *zerkleinern. Restliche Zutaten für den Belag zugeben und* **5 Sek./Stufe 3** *mischen.*

Masse auf die Baguettescheiben geben, mit je einer Garnele belegen und mit einem Holzspieß fixieren. Zum Schluss nochmal mit frisch gemahlenem Pfeffer würzen und noch etwas Zitronensaft darüber träufeln. Fertig!

Pro Stück: 85 kcal · 6 g KH · 6 g EW · 4 g Fett

- 6 GLÄSER (à 200ml) -

SPANISCHE Sangria

ZUTATEN

2 Orangen
2 Äpfel
20 Eiswürfel
300-400 g Orangensaft, frisch gepresst
50 g Gin
50 g weißer Rum
750 ml Rotwein

ZUBEREITUNG

Orangen halbieren und in Scheiben schneiden. In einen Krug geben. Äpfel in Stücke schneiden und zusammen mit den Eiswürfeln ebenso in den Krug füllen.

Restliche Zutaten zugießen, verrühren und eiskalt genießen!

Pro Portion:
213 kcal · 19 g KH · 1 g EW · 0,3 g Fett